ສຸດຍອດ 10 ເລື່ອງທີ່ໜ້າຮູ້ກ່ຽວກັບ ໄດໂນເສົາ

โดย อຽງແກ້ວ
ຮູບໂດຍ ກິอາດ ມูຊา

ສຸດຍອດ 10
ເລື່ອງທີ່ໜ້າຮູ້ກ່ຽວກັບ
ໄດໂນເສົາ

ໄດໂບເສົາໄດ້ຄອງໂລກ ເປັນເອລາ
ຍາວນານເຖິງ 165 ລ້ານປີ.
ໄດໂບເສົາ ດຳລົງຊີວິດ ໃນ
“ມະຫາຍຸກ ເມໂສໂຊອິກ” ທີ່
ເອີ້ນງ່າຍໆວ່າ “ຍຸກໄດໂບເສົາ”.

ໄດໂນເສົາມີທູງາຍກ່ອງ 700 ສາຍພັນ
ທີ່ແຕກຕ່າງງກັນ,
ບາງສາຍພັນມີຂະໜາດໃຫຍ່,
ບາງສາຍພັນກໍມີຂະໜາດນ້ອຍ.
ບາງສາຍພັນກິນຊີ້ນ,
ບາງສາຍພັນກິນພືດ ແລະ
ບາງສາຍພັນ ກິນທັງສອງຢ່າງ.

ໄດໂນເສົາ ອາໄສຢູ່ໃນ
ທຸກໆທະວິບທົ່ວໂລກ ລວມທັງ
ທະວິບແອນຕາກຕິກກາ!
ໂຄງກະດູກຂອງໄດໂນເສົາ
ເມື່ອເອລາຜ່ານໄປຫຼາຍລ້ານປີ
ກາຍເປັນ ຊາກຟອສຊິລ.

ຄົນທີ່ຊອກຫາ ຮູບຟອສຊິລ
ຂອງໄດໂນເສົາ ເອີ້ນວ່າ
ນັກບັນພະຊິວິນວິທະຍາ.

ຮູບຟອສຊິລໄດໂນເສົາ
ຖືກຄົ້ນພົບຄັ້ງທຳອິດ
ໃນຊ່ວງສະຕະວັດທີ່ 17.

ຄຳວ່າ ໄດໂບເສົາ ມາຈາກພາສາກຣົກ
ເຊິ່ງມີຄວາມໝາຍວ່າ
"ສັດເລືອຄານທີ່ເປັນຕາຍ້ານ"
ຍ້ອນຂະໜາດໃຫຍ່ຂອງພວກເຂົາ.
ຄຳນີ້ ຕັ້ງຂຶ້ນໂດຍ
ນັກຂັບພະຊີວິນວິທະຍາ ຄືນອັງກິດ
ທີ່ມີຊື່ວ່າ ທ່ານ ຣິຈາດ ໂອເວັນ,
ໃນປີ 1842.

ໜຶ່ງໃນໄດໂນເສົາທີ່ໃຫຍ່ທີ່ສຸດຖືກ
ຄົ້ນພົບໃນປະເທດລາວ.
ໄດໂນເສົາ “ຕັ້ງທວາຍໂຍຊຸຣັສ
ຣິຟເຟຕີ” ມີຄວາມຍາວ
15 ແມັດ ເຊິ່ງຖືກຕັ້ງຊື່ຕາມ
ສະຖານທີ່ ທີ່ຄົ້ນພົບໄດໂນເສົາດັ່ງ
ກ່າວຄຳຄື ບ້ານຕັ້ງທວາຍ,
ເມືອງພະລານໄຊ,
ແຂວງສະຫວັນນະເຂດ.

13

ໄທຣາໂບຊຸຣັສ ເຣັກຊ໌ ຖຶກຂະໜາບນາມວ່າ ເປັນ “ລາຊາແຫ່ງກະປອມຍັກຈອມໂຫດ” ຍ້ອນໝາຍຄົນເຊື່ອວ່າ ໄດໂນເສົາສາຍພັນນີ້ ໂຫດຮ້າຍທີ່ສຸດໃນໂລກ.

ໄດໂນເສົາທີ່ມີຊື່ຍາວທີ່ສຸດແມ່ນ
ໄມໂຄຣພາດ໌ຊິຟາໂລຊໍຣັສ.

ໄດໂນເສົານີ້ຖືກຄົ້ນພົບ
ໃນປະເທດຈີນ.

ໃນປະຈຸບັນ, ສັດຈຳພວກ
ກະປອມ, ງູ ແລະ ແຂ້
ລ້ວນແຕ່ສືບສາຍພັນມາຈາກ
ໄດໂບເສົາ.

ໄດໂບເສົາສູບພັບໄປຈາກໂລກນີ້
ເມື່ອປະມານ 66ລ້ານປີ
ມາແລ້ວ. ໂດຍທຼາຍຄົນເຊື່ອວ່າ:
ມີປະກົດການຝົນດາວຕົກ ຫຼື
ກ້ອນສະເກັດດາວ ຫຼື ອຸກາບາດ
ຕົກລົງຈາກທ້ອງຟ້າ ມາກະທົບໂລກ
ເຮັດໃຫ້ມີການປ່ຽນແປງສະພາບ
ອາກາດ, ໂລກເກີດຄວາມໜາວເຢັ້ນ
ທີ່ສຸດ.

ສາມສ່ອນສີ່ ຂອງພຶດ ແລະ
ສິ່ງທີ່ມີຊີວິດ ເຖິງໂລກ ລອມທັງ
ໄດໂບເສົາ ສູບພັບ
ໃນຊ່ວງເວລາດັ່ງກ່າວ.

ຂໍ້ມູນທາງບັນນາບຸລິມຂອງຫໍສະໝຸດແຫ່ງຊາດ

ວຽງແກ້ວ
   ສຸດຍອດ 10 ເລື່ອງທີ່ໜ້າຮູ້ກ່ຽວກັບ ໄດໂນເສົາ / ໂດຍ ວຽງແກ້ວ.
   -- ວຽງຈັນ : ປຶ້ມອ່ານ, 2022
   18 ໜ້າ : ພາບປະກອບສີ ; 26 ຊມ
   1. ວັນນະກຳສຳລັບເດັກ
   I. ຊື່ເລື່ອງ
808.068 -- dc21
   ເລກທະບຽນພິມຈຳໜ່າຍ: 057 / ອພຈ07052028
   ISBN 978-9932-14-016-9

ເຈົ້າສາມາດໃຊ້ຄຳຖາມດັ່ງລຸ່ມນີ້ເພື່ອ ສົນທະນາກ່ຽວກັບເລື່ອງທີ່ອ່ານກັບ ຄອບຄົວ, ໝູ່ ແລະ ຄູອາຈານ.

ເຈົ້າໄດ້ຮຽນຮູ້ຫຍັງຈາກເລື່ອງນີ້?

ຈົ່ງອະທິບາຍເລື່ອງນີ້ ໂດຍໃຊ້ຄຳບັນຍາຍ
1ຄຳ. ຕະຫຼົກ? ຢ້ານ? ມິສິສັນ? ໜ້າສົນໃຈ?

ເມື່ອອ່ານຈົບແລ້ວ,
ເລື່ອງນີ້ໃຫ້ຄວາມຮູ້ສຶກຫຍັງແດ່?

ໃນເລື່ອງນີ້, ເຈົ້າມັກສິ່ງໃດຫຼາຍທີ່ສຸດ?

ກ່ຽວກັບຜູ້ປະກອບສ່ວນ

ວຽງແກ້ວ ມີຄວາມຮັກມັກ ກ່ຽວກັບປະຫວັດສາດ ໃນແຕ່ລະຍຸກ ແລະ ຍາກແບ່ງປັນ ນິທານ ໃຫ້ກັບເດັກນ້ອຍ. ປະຫວັດສາດ ມີຄວາມລັບຫຼາຍຢ່າງ ເຊິ່ງ ໜ້າສົນໃຈ ແລະ ໜ້າ ຮຽນຮູ້ ສຳລັບທຸກໆຄົນ.

ປຶ້ມທີ່ວນີ້ມ່ອບບໍ່?

ພວກເຮົາມີປຶ້ມຫຼາຍຮ້ອຍຫົວໃຫ້ເລືອກອ່ານ.

ພວກເຮົາຮ່ວມມືກັບນັກຂຽນ, ຜູ່ງຊານດ້ານການສຶກສາ,
ທີ່ປຶກສາທາງດ້ານວັດທະນະທຳ, ລັດຖະບານ ແລະ
ອົງກອນທີ່ບໍ່ຂຶ້ນກັບລັດຖະບານ ເພື່ອນຳຄວາມເພີດເພີນ ໃນການ
ອ່ານໃຫ້ກັບເດັກນ້ອຍທົ່ວທຸກແຫ່ງ.

ຮູ້ບໍ່?

ພວກເຮົາສ້າງການປ່ຽນແປງທີ່ດີໃນຊົງເຂດນີ້ ໂດຍປະຕິບັດ ເປົ້າໝາຍ
ການພັດທະນາແບບຍືນຍົງຂອງສະຫະປະຊາຊາດ.

librarygforall.org

librarygall.org"""